Mes plus belles histoires d'école

Sommaire

Simon

a une nouvelle maîtresse

Texte de Sophie de Mullenheim
Illustrations de Romain Guyard

Simon est très excité : aujourd'hui, c'est le premier jour d'école de sa nouvelle maîtresse.
Il paraît qu'elle s'appelle madame Camomille.
Simon espère qu'elle sera très gentille et très jolie aussi.
Pour l'occasion, le petit raton s'est fait beau car il veut faire bonne impression.

Sur le chemin de l'école, Simon retrouve ses amis. Ben a mis un nœud papillon de son papa. Feuille a préparé un sachet de noisettes au caramel pour l'offrir à la maîtresse et Oscar lui a écrit un poème.

Notre ancien maître déménage.
Quel dommage!
Mais soyez la bienvenue
Vous ne serez pas déçue.
Nous serons sages
comme des images.
Nous serons comme votre famille,
madame Camomille!

Une fois à l'école, c'est la déception : une vieille chouette avec de grosses lunettes entre dans la classe.
« Bonjour les enfants, je suis madame Camomille, votre nouvelle maîtresse. »

Catastrophe ! Simon pique du nez, déçu, Feuille cache son paquet de noisettes, Ben arrache son nœud papillon et Oscar froisse son joli poème au fond de sa poche.

« J'ai besoin de vous connaître, dit la maîtresse. Chacun de vous va se dessiner et écrire son prénom sous son portrait. Peinture, feutres, crayons de couleur, pastels… Choisissez ! Vous êtes les artistes. »

Simon bougonne. Il n'a pas envie de dessiner, et encore moins de se dessiner lui-même. Il attrape un crayon et barbouille sa feuille.

Quand madame Camomille ramasse le portrait de Simon, elle semble surprise mais ne dit rien. Simon se tourne vers Ben et lui chuchote fièrement :
« J'ai fait n'importe quoi, juste pour l'embêter. »

Mais Simon n’est pas fier de lui très longtemps, car la maîtresse montre les portraits à toute la classe. Pire encore, elle les affiche au mur. Tout le monde va se moquer de lui…

Quand arrive le portrait de Simon en effet, les élèves gloussent.
« On dirait un dessin de bébé ! » lance quelqu'un.
Toute la classe rit. Même Ben, Oscar et Feuille ont du mal à rester sérieux. Simon est rouge de honte.
« Moi, je trouve ce dessin intéressant », dit alors madame Camomille.

Les élèves, stupéfaits, s'arrêtent aussitôt de rigoler.
« Ce dessin me fait penser à de l'art moderne.
– De l'art moderne ? » s'étonne Joséphine, la petite biche.

Madame Camomille leur montre des portraits où les têtes sont étranges, un peu carrées ou déformées, et de toutes les couleurs.

« Voici quelques tableaux de peintres modernes, explique madame Camomille. Ils sont extrêmement connus.
– C'est vrai que ça ressemble un peu au dessin de Simon », remarque Joséphine.
Le petit raton laveur se redresse un peu. La classe ne se moque plus de lui.

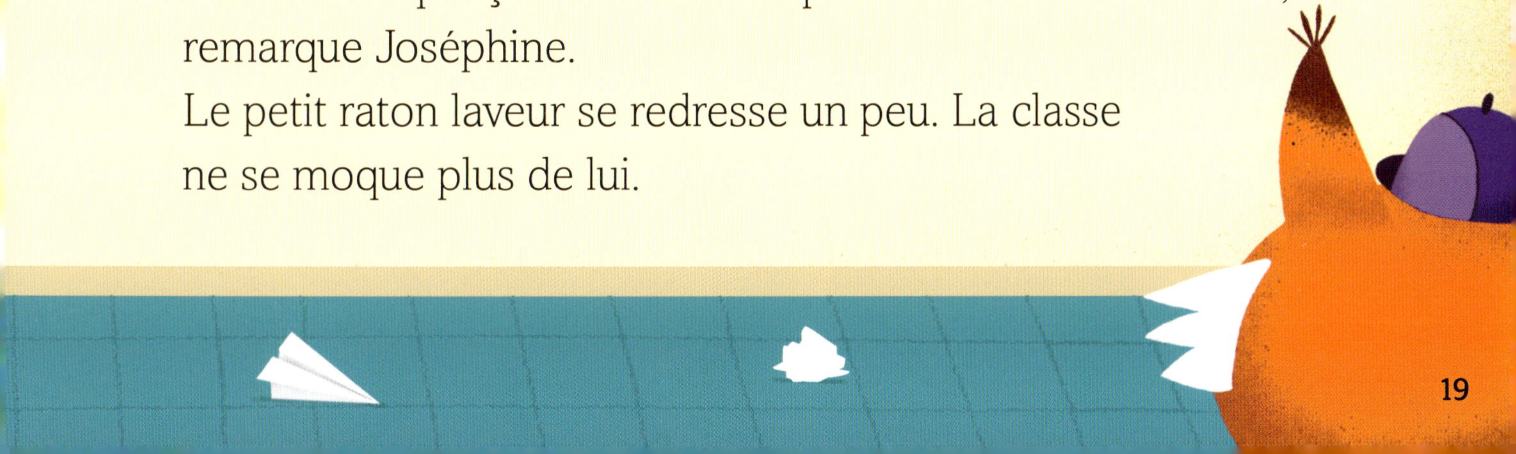

« Après l'art, place au sport ! » propose madame Camomille avec malice. Ben pouffe :
« La maîtresse est bien trop vieille pour faire du sport ! »

« On se tient droit, lance madame Camomille qui n’a rien entendu. Les bras en avant. Une deux, une deux… »

Les élèves enchaînent les mouvements, sauf Ben qui ne fait aucun effort.

« Je n'y arrive pas, madame, dit le renne, moqueur. C'est trop dur. Si vous me montriez comment faire, peut-être que je comprendrais mieux. »

Madame Camomille sourit.
« Si ce n’est que ça », dit-elle.
Et hop ! Elle enchaîne deux galipettes avant,
un poirier et quelques entrechats.
Ben n’en croit pas ses yeux. Il n’a jamais vu ça !

Un peu plus tard, pendant la récréation, les élèves organisent un circuit de course. Ils sortent tout ce qui roule dans la cour et chacun choisit son véhicule.

« À vos marques, prêts, partez ! » lance Oscar en agitant un drapeau.

Les concurrents s'élancent. Ben est en tête, suivi de près par Simon puis un lapin en vélo.
Les maîtres et les maîtresses sortent de leur classe en faisant les gros yeux. Ils craignent le carambolage. Les élèves ralentissent, de peur de se faire gronder.

Mais alors, madame Camomille applaudit.
« Allez les enfants ! » les encourage-t-elle.
La course repart de plus belle. Et Ben franchit la ligne d'arrivée sous les hourras.

De retour dans la classe, Simon et ses amis sont aux anges.
Décidément, leur nouvelle maîtresse est vraiment… chouette !
Hélas, leur joie est de courte durée car madame Camomille
leur demande de sortir leurs cahiers.
« Nous allons faire des mathématiques, annonce-t-elle.
– C'était trop beau… » bougonne Ben.

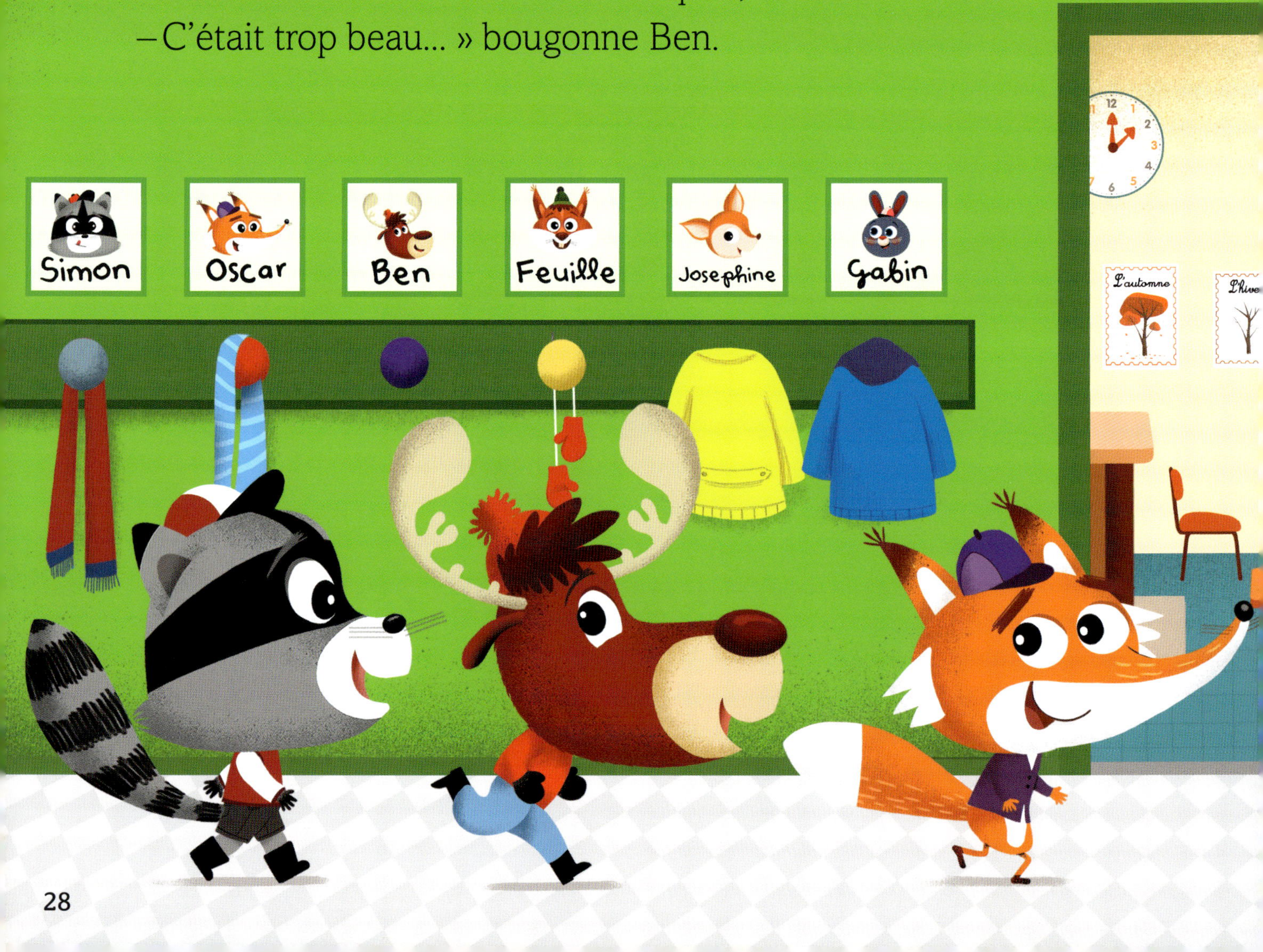

MATHEMATIQUES

Mais avec madame Camomille, même le cours de mathématiques est spécial. Elle leur distribue une recette de cuisine et quelques ingrédients.

« Il me faut 3 œufs ! dit-elle à Feuille. Et 4 pommes », ajoute-t-elle pour Joséphine.

Ben se penche sur la balance en tirant la langue pour s'appliquer : il doit mesurer 220 grammes de sucre. Simon, lui, est chargé d'ajouter 5 cuillères à soupe de farine.

Le petit raton est ravi. Ça, c'est un cours de mathématiques comme il les aime !

À la fin de la journée, tous les élèves quittent la classe avec madame Camomille sauf Simon, Ben, Feuille et Oscar. Ils se glissent sous leur table, ni vu ni connu.
« Dépêchons-nous avant que la maîtresse ne revienne ! » lance Simon.

Vite, Oscar grimpe sur une chaise. Simon et Ben déplacent toutes les tables. Feuille, lui, s'occupe du bureau.
Quelle bêtise préparent-ils ?

Quand madame Camomille revient dans sa classe, elle est contente : la journée s'est bien passée. Mais en ouvrant la porte elle s'arrête net : les tables sont chamboulées, le tableau est couvert de gribouillis et il y a des cailloux plein son bureau.

Pourtant, en y regardant bien, les tables forment un cœur, les cailloux sur son bureau sont en fait des noisettes au caramel et les gribouillis un poème de bienvenue. Alors Simon, Ben, Oscar et Feuille surgissent en criant : « Surprise ! »

Jules
va à l'école

Texte de Katherine Quénot
Illustrations d'Axelle Vanhoof

Pendant les vacances, Jules a fait du saut à l'élastique, du ski nautique, et même de la moto électrique ! Demain, c'est la rentrée : la première pour le petit tigre.

« On ne s’inquiète pas pour toi, déclare Papa tigre en riant.
Un champion n’a peur de rien !
– Peur de rien ! » répète Zoé, sa petite sœur.

Mais le soir, en secret dans son lit, Jules a peur de tout : que la maîtresse soit un loup, que les autres lui fassent un nœud à la queue, de se perdre dans l'école, de ne pas savoir compter jusqu'à trois ! Un, deux… c'est quoi déjà, après ?

1
2
?

Le lundi, quand Maman tigre vient le réveiller, Jules se tourne de l'autre côté.

« Je suis fatigué ! grogne-t-il.

– Mais Jules, tu vas être en retard ! proteste Maman tigre.

– En retard ! » répète Zoé comme un perroquet.
Jules se lève à contrecœur. Zoé reste à la maison, c'est facile !

Jules est enfin prêt ! Arrivé à l'école, il a une bonne surprise.
Timothée, son ami zèbre, est là aussi.
Mais, pas de chance, Timothée va dans la classe de madame Pic et Jules dans celle de monsieur Graou, un tigre comme lui.

« Monsieur Graou, c’est le maître, et toi le centimètre ! se moque Léo, un opossum. Centimètre, c’est ton surnom. Centimètre ! Centimètre ! »

Jules se cramponne tellement aux jambes de son père que celui-ci commence à perdre son pantalon ! En revanche, Anaïs, une petite girafe, pousse sa mère hors de la cour.

Finalement, Papa tigre réussit à décrocher son fils, mais celui-ci s'agrippe aussitôt à sa mère. « Tu embêtes Maman ! » lui reproche Zoé.

Monsieur Graou est obligé de fermer la porte de sa classe
pour que Jules ne s'enfuie pas!
« Je suis en prison! » déclare le petit tigre,
ce qui amuse beaucoup Anaïs.

Toute la matinée, Jules boude, il refuse de faire toute activité. Il ne veut même pas dessiner, alors que les beaux crayons de couleur lui font très envie !

Enfin, c'est l'heure de la récréation !
Anaïs fait remarquer à monsieur Graou qu'il a oublié de mettre les deux points sur le *i* de son prénom au porte-manteau.
« Tu n'as pas la langue dans ta poche, toi ! » s'exclame monsieur Graou en riant.

Jules regarde la petite girafe d'un air admiratif.
Quelle chance, son porte-manteau est à côté du sien !

Le midi, Jules se jette dans les pattes de sa mère quand elle arrive. Heureusement, il ne reste pas à la cantine.

« La cantine, c'est trop bien ! lui confie Anaïs. Aujourd'hui, il y a des frites. »

« Est-ce que tu as fait des frites ? demande Jules à sa mère en sortant de l'école.

– Non, répond Maman tigre. Veux-tu rester à la cantine ?

– Jamais ! » grogne Jules.

L'après-midi, Jules et Timothée reviennent ensemble de l'école. Avant de se séparer, Maman zèbre adresse un clin d'œil à Maman tigre. Puis, elle propose à Jules de passer le prendre le lendemain.

« J'ai un rendez-vous chez le tigreur, explique Maman tigre. Mes rayures ont besoin d'être peignées.

– D'accord », murmure Jules du bout du museau.

Enfin, c'est mercredi. Quelle joie, Jules ne va pas à l'école !
En plus, Maman a confié Zoé à Mamie !

« Je voudrais que tu restes avec moi à l'école », explique Jules à sa maman.

Maman rit. Puis elle raconte à son fils que pour son premier jour d'école, elle a voulu rester cachée sous son lit !

Le soir, Mamie et Papi tigre ramènent Zoé.

« Moi, j'étais tout le temps punie à l'école, parce que j'étais trop bavarde, raconte Mamie.

– Et moi, je me grattais sur tout le corps pour faire croire que j'avais la tigrite ! enchaîne Papi. Mais ce qui me faisait surtout peur, c'était de me perdre dans l'école.

– Comme moi ! s'écrie Jules.

– Je vais te confier un secret ! déclare Papi tigre. J'avais fait un plan de l'école en cachette…

– Je veux en faire un aussi ! » décide Jules.

Avec l'aide de sa maman, il dessine un magnifique plan.

« Très zoli ! » admire Zoé.

Vendredi matin, Jules et Timothée vont à l'école en jouant à saute-tigre et zèbre-mouton. En arrivant au tournant, Maman zèbre leur demande s'ils veulent bien terminer le chemin sans elle. Tous deux entrent fièrement dans la cour de l'école, juste au moment où Anaïs arrive.

La petite girafe lâche aussitôt la patte de sa mère pour prendre celle de Jules !

Mais lorsqu'ils arrivent en classe, Léo fait un croche-patte à Jules.
Le petit tigre s'étale par terre.
« Centimètre est tombé ! » se moque l'opossum.
Mécontent, monsieur Graou l'envoie chez la directrice.
Mais Léo se met à pleurer. Il ne sait pas où est son bureau !

Gentiment, Jules lui tend son plan.
« Quelle excellente idée ! » félicite monsieur Graou.
L'instituteur affiche le plan de Jules au tableau. Tous les enfants doivent le recopier.

Le lundi suivant, Jules court à l'école pour retrouver Timothée, Léo et Anaïs. Vivement ce midi qu'ils aillent ensemble à la cantine !

Zélie

et les émotions de la rentrée

« C'est la rentrée ! », chantonne Zélie.
Difficile pour elle de cacher son excitation, car toute émotion la fait changer de couleur. Or, ce matin, ses rayures prennent des reflets dorés.

Son cartable bientôt sur le dos, sa crinière et ses dents brossées… C'est sûr, Zélie est prête pour la rentrée !

Mais, devant l'école, un nuage gris gonfle le cœur de Zélie.
Ses rayures deviennent, elles aussi, toutes grises…
Elle n'a plus du tout envie de quitter sa maman !
« On se retrouve ce soir, la console Mme Zébra.
Tu vas bien t'amuser ! »

Zélie n'en est pas si sûre.
Elle observe un petit porc-épic en train de pleurer.
Lui non plus ne veut pas que sa maman s'en aille. Une larme roule sur la joue de l'écolière… Après tout, elle a le droit d'être un peu triste…

M. Blancol, le maître d'école, les accueille vite dans la classe.
Il a l'air gentil : Zélie est rassurée.
« J'aime lire et explorer la savane, leur explique-t-il.
Maintenant, à vous de vous présenter ! »
Oh non ! M. Blancol l'appelle sur l'estrade.
La peur creuse le ventre de Zélie…

Elle s’avance et… panique !
Ses rayures prennent une drôle de teinte bleutée.
« C’est ce que l’on appelle avoir une peur bleue, observe M. Blancol.
Ne t’inquiète pas, tout va bien se passer… »
Heureusement, Zélie retrouve vite la parole.
M. Blancol applaudit même sa présentation !

Puis, le maître invite les enfants à dessiner. Zélie s'illumine.
Elle dessine les arbres comme personne !
Soudain, Timéo, le porc-épic, fond en larmes :
ses crayons de couleur sont restés chez lui !
Heureusement, Zélie a assez de crayons pour deux.

Penchée sur son dessin, la petite artiste apporte la dernière touche à ses branches. Mais, en levant les yeux, elle aperçoit le dessin de Timéo. Qu'il est beau ! Plus beau que… le sien ?
Verte de jalousie, Zélie arrache le crayon des mains de son nouveau copain.

Comme le porc-épic devient tout triste, Zélie se radoucit.
« Je vais juste ajouter des feuilles », se justifie-t-elle.
Elle s’applique et reste concentrée.

« Bravo, les enfants ! » félicite M. Blancol.
Zélie sourit, les yeux emplis de fierté. Ses rayures prennent une jolie couleur bleu paon, comme l'oiseau au fier plumage !

Dans la cour de récréation, Zélie n'ose pas aborder les autres enfants. Elle s'assied sur un banc pour les regarder jouer à lion perché.
« Tu veux venir t'amuser avec moi ? » lui demande Timéo.

Zélie est surprise, car elle n'a pas été très
gentille avec le porc-épic, tout à l'heure.
Elle sent ses rayures devenir orange vif.
On pourrait presque la prendre pour une carotte !

Alors que Zélie et Timéo sautent à la corde,
un ballon rebondit près d'eux. Timéo, pris de peur, se roule en boule.
« Ce n'est rien, ce n'est qu'un ballon », le rassure Zélie.
Mais les autres enfants s'esclaffent.

« On dirait une pelote d'épingles, plaisante une antilope.
Et elle, vous avez vu comme elle est devenue toute bleue,
en classe ? » se moque un lionceau.
Zélie n'apprécie pas du tout ces moqueries.
Le feu lui monte aux joues,
le rouge envahit ses rayures !

« C'est normal d'avoir des émotions, il n'y a pas de honte à ça ! » explose-t-elle.
L'antilope et le lionceau baissent les yeux, gênés. Leur camarade a raison : après tout, il leur arrive d'avoir peur, à eux aussi…

« Vous voulez jouer avec nous à saute-gazelle ? propose timidement l'antilope.
– Oh, chic ! » s'exclame Timéo, en reprenant sa forme habituelle.

Après la récréation, les élèves sont de retour en classe ! Les chiffres et les lettres défilent.

Mais les minutes passent et Zélie commence à s'ennuyer. Son pelage se couvre de rayures mauves. Elle aimerait mieux galoper au soleil… Heureusement, c'est bientôt l'heure du déjeuner !

Devant son assiette, Zélie fait la grimace. Ce n'est pas très appétissant ! Elle plante sa fourchette dans un morceau d'écorce… goûte…
« Pouah ! C'est dégoûtant ! »

Les rayures de Zélie ont verdi à vue d'œil.
Mais pas d'un joli vert tendre, non… Ses rayures ont pris une horrible teinte vert caca d'oie !

Zélie louche sur l'assiette de Timéo. Miam ! De l'herbe fraîche...
Pourtant, il n'a pas l'air emballé.
« Mais il y a eu une erreur ! » s'écrie Mme Tachy, la cantinière.
La dame girafe échange les assiettes. Timéo attaque joyeusement la sienne.

Zélie goûte l'herbe tendre, puis rosit de plaisir.
« C'est bien mieux comme ça ! » se réjouit-elle.

Une fois le déjeuner englouti, M. Blancol appelle les enfants : chut… ils vont lire une histoire…
« Il était une fois, un petit garçon qui avait six frères, et quelques cailloux blancs dans ses poches… »

Mais Zélie a du mal à rester concentrée ! Alors elle parle, elle s'agite… ses rayures deviennent brunes de frustration !

M. Blancol lui suggère de respirer profondément. Zélie aspire l'air, souffle… Ah ! ça fait du bien !

« … puis le garçon enfile les bottes de l'ogre, et s'enfuit avec ses frères pour retrouver ses parents. »

Oh, l'histoire est déjà finie ?

« À présent, nous allons apprendre une chanson », annonce M. Blancol.
Mais Zélie a un problème : elle chante faux !
À côté d'elle, Timéo a une voix d'ange. Zélie brûle de honte.
Ses rayures noires pâlissent, pâlissent…
Va-t-elle devenir toute blanche ?

Timéo comprend vite ce que traverse son amie et lui vient en aide !
Il se met à chanter faux en faisant des grimaces. Alors, tous les autres élèves éclatent de rire et l'imitent.
Même M. Blancol sourit devant ce curieux spectacle…

Et voilà ! Ce jour de rentrée est terminé.
Quelle joie de retrouver sa maman à la sortie de la classe !
Zélie rayonne, son pelage est plus jaune qu'un tournesol !
« Comment s'est passée ta journée ? » l'interroge Mme Zébra.

« C'était trop bien ! » s'écrie Zélie.
Et l'écolière raconte tout à sa maman : la tristesse quand elle l'a vue partir, la peur de parler devant tout le monde, sa colère face aux moqueries… mais aussi la fierté d'avoir fait un joli dessin et le plaisir de manger à la cantine !

En parlant, Zélie revit toutes les émotions de la journée.
Quel bonheur d'avoir appris tant de choses
et de s'être fait de nouveaux amis !

AZURO

à l'école des monstres

Texte de Laurent et Olivier Souillé
Illustrations de Jérémie Fleury

Morgane avait invité ses amis pour son goûter d'anniversaire. Azuro était fier de lui préparer un gâteau d'après une recette de la sorcière Pustula…

Pustula, sa nièce Morgane et Jippy le goûtèrent… et le recrachèrent.
« BEURK ! s'exclama Morgane.
– Ben alors, tu n'as pas suivi ma recette ? demanda Pustula.
– J'ai… essayé… mais je ne sais pas bien lire… balbutia le dragonneau.
– Tata, tu as une formule magique pour ça ? questionna Morgane.

– Aucun sortilège ne peut l'aider !
Savoir lire, ce n'est pas seulement déchiffrer les mots, c'est comprendre ce qu'on lit, expliqua Pustula.
Mais j'ai une idée. »

La sorcière récita devant un miroir : « À l'eau, à l'huile, réponds à ce coup de fil ! » Une tête apparut aussitôt. « Pétula, ma sœurette, aurais-tu une place pour un dragonneau qui doit apprendre à lire ?
– Bien entendu ! Amène-le au vieux chêne ! Frida viendra le chercher. »

Jippy et Azuro attendaient sous l’arbre. Une voix se fit entendre au-dessus d’eux : « Tu attends quoi pour monter, le bleu ? » Surpris, ils virent un balai géant conduit par une sorcière qui ruminait : « Encore un élève qui n’a jamais vu un balai-bus. »

Le balai filait à la vitesse de l'éclair. « Salut, je m'appelle Ipet », déclara un garçon recouvert de bandelettes. « Moi, c'est Mathilde », souffla une voix douce. Azuro regardait dans tous les sens, il ne voyait rien. « Je suis un fantôme. Prononce mon prénom et tu pourras me voir ! »

Un loup-garou se hissa sur le balai.
Il regarda le dragonneau avec dédain.
« Méfie-toi d'Hermann, c'est un bagarreur, murmura Mathilde.
– Tout le monde le craint à l'école des monstres, renchérit Ipet.
– L'école des monstres ? Je ne suis pas un monstre…, fit Azuro.
– Pour les humains, tu es un affreux dragon, cracheur de feu. Moi, une horrible momie et Mathilde, un terrible fantôme, répondit Ipet.

– Au village, on m'aime bien et je ne crache pas du… se défendit Azuro.

– Attention à l'atterrissage ! » s'écria la sorcière.

La sorcière Pétula amena les élèves au dortoir. « Le souper sera servi à vingt heures. Ne soyez pas en retard ! » fit-elle.

« J’te conseille de trouver un autre lit », menaça Hermann en poussant Azuro. Le dragonneau s’éloigna. « Je m’en doutais que t’étais une mauviette », glapit le loup-garou.

Azuro et Jippy n'en croyaient pas leurs yeux. La cantine était pleine de créatures fabuleuses. Une gargouille dévorait une pastèque tandis qu'un cyclope dégustait des cailloux. Des vampires étaient assis dans un coin sombre. Tous allèrent ensuite se coucher ! À l'exception des vampires qui étudiaient la nuit…

Dès le premier jour, Azuro apprit l'alphabet…
« Un dragon qui forme des voyelles avec de l'eau, ce n'est pas commun ! » observa la sorcière Pétula.

Dans la classe, les réactions ne se firent pas attendre.
« Un dragon qui crache de l'eau, c'est nul ! aboya Hermann.
– Tu n'as rien à faire à l'école des monstres, ajouta Franck, son meilleur ami.
– Silence ! » ordonna la maîtresse.

Pendant les récréations, Jippy, Ipet et Mathilde changèrent les idées d'Azuro. Ils jouèrent à la bandelette à sauter et à cache-cache !

Cette nuit-là, même les vampires le divertirent. Ils se transformèrent en chauve-souris et une longue course-poursuite dans les airs commença…

Azuro discuta avec les trois frères aux longues canines.
« Le sang, on n'aime pas ça ! fit Vadim en tirant la langue de dégoût.
– Notre truc, c'est la tomate. En soupe ou en confiture ! ajouta Vlad.
– Arrête de me faire saliver ! sourit Victor.

– On pourrait voler sur ton dos ? demanda Vadim.
– Bien sûr ! répondit… le dragonneau.
– C'était génial, s'exclama Vlad. J'ai failli vomir mon minuit avec tes pirouettes !
– Moi aussi ! rigola Victor. Vivement la prochaine fois ! »
Azuro fila se coucher. Les cours commençaient tôt à l'école des monstres.

Hermann et Franck multipliaient les mauvais coups.
Tandis qu'Azuro lisait avec peine un poème, le loup-garou dit :
« T'as trop d'eau dans le cerveau, tu ne sauras jamais lire, dragounet ! » Tous les élèves de la classe rigolèrent, à l'exception d'Ipet et de Mathilde.

Azuro cacha difficilement ses larmes. « Ne baisse pas les pattes ! le rassura sa gentille maîtresse. Tes efforts seront rapidement récompensés. »

La sorcière Pétula était fière de ses progrès. Le dragonneau écrivait souvent les réponses au tableau. Les deux garnements en profitaient pour lui faire de mauvaises blagues…

Être punis au coin, des oreilles de « Pinpin le lapin » sur la tête, n'y changeait rien ! Les chenapans continuaient à embêter Azuro…

Un matin, Hermann s'empara d'un livre d'Azuro. « Franck, brûle ce machin qui ne sert à rien ! » Le vaurien frotta une allumette et mit le feu par mégarde à la queue du loup-garou. « Au secours ! » hurla Hermann.

Azuro propulsa une grande quantité d'eau pour éteindre les flammes. Le poil mouillé, Hermann n'avait pas fière allure. « Alors, t'as peur du feu, la boule de poils ? ironisa Ipet.

– Ipet, ne te moque pas de lui ! déclara Azuro. C'est nul de croire qu'avoir un aspect effrayant nous oblige à être méchants ! Hermann perd une bonne occasion de se faire des amis. Tant pis pour lui !
– C'est vrai, tu as raison... » répondit Ipet, penaud.

Un mois plus tard, pour son dernier cours, la sorcière Pétula demanda à Azuro de lire une histoire devant toute la classe. Les élèves passèrent du rire aux larmes et explosèrent de joie une fois le mot « Fin » prononcé.

De retour chez Pustula, Azuro prépara le gâteau en suivant la recette de A à Z.

« BEURKKK ! firent en chœur les deux sorcières.

– Décidément, Azuro, tu ne seras pas pâtissier, s'amusa Pustula.

– Moi, je dis qu'il sera poète ou écrivain… » dit Morgane.

« Ou bien le meilleur pompier du monde », pensa Jippy en faisant un clin d'œil à son ami.

Clara vient en aide à Mathieu

Texte de Anouk Filippini
Illustrations de Julie Faulques

« Allez, petit paresseux ! dit la maman de Mathieu en ouvrant les rideaux. C'est la rentrée, il faut se lever.
– Il est beaucoup trop tôt », soupire Mathieu en se cachant la tête sous l'oreiller.

Mais en réalité, Mathieu est ravi. Il a hâte de retrouver son école et sa meilleure amie, Clara, la petite koala.

Dans la classe, il y a un nouveau qui s’appelle Harry. C’est un drôle de ouistiti. Il fait rire tout le monde. Même monsieur Mounir, le tapir, ne peut s’empêcher de rigoler quand Harry fait une blague.

Le problème, c'est qu'avec Mathieu, Harry n'est pas marrant. Dès que le maître a le dos tourné, il se moque de lui et de son air toujours endormi.

Après la cantine, Mathieu croise Harry dans le couloir. Un mur à droite, un mur à gauche. Pas moyen de l'éviter… Quand ils se retrouvent côte à côte, Harry lui donne un méchant coup de coude.

Clara a tout vu, mais elle ne dit rien.
C’est bizarre, pense Mathieu, c’est ma meilleure amie, pourtant.

Le soir, la maman de Mathieu demande :
« Comment s'est passée cette rentrée ? »
Le petit paresseux répond :
« C'était super ! »

Mathieu ne veut pas inquiéter sa maman.
Alors il se tait. Il se dit que ça va passer.

Sauf que ça ne passe pas. Les jours suivants, Harry devient le « chef », et il ordonne à tous les autres de ne plus parler à Mathieu.

À la récré, le petit paresseux est tout seul.
Il regarde ses anciens amis jouer sans lui.
Et pour ne pas être triste, il préfère s’endormir sur le banc.

Monsieur Mounir vient lui parler :
« Tu es sûr que ça va ?
Pourquoi tu restes à l'écart ?
Pourquoi tu ne joues plus
avec tes petits camarades ?
– Tout va bien, monsieur Mounir, répond Mathieu. C'est juste qu'en ce moment, je suis fatigué. »

Monsieur Mounir n'insiste pas. Il sait que Mathieu est un peu plus lent que les autres, et qu'il a besoin de recharger ses batteries de temps en temps.

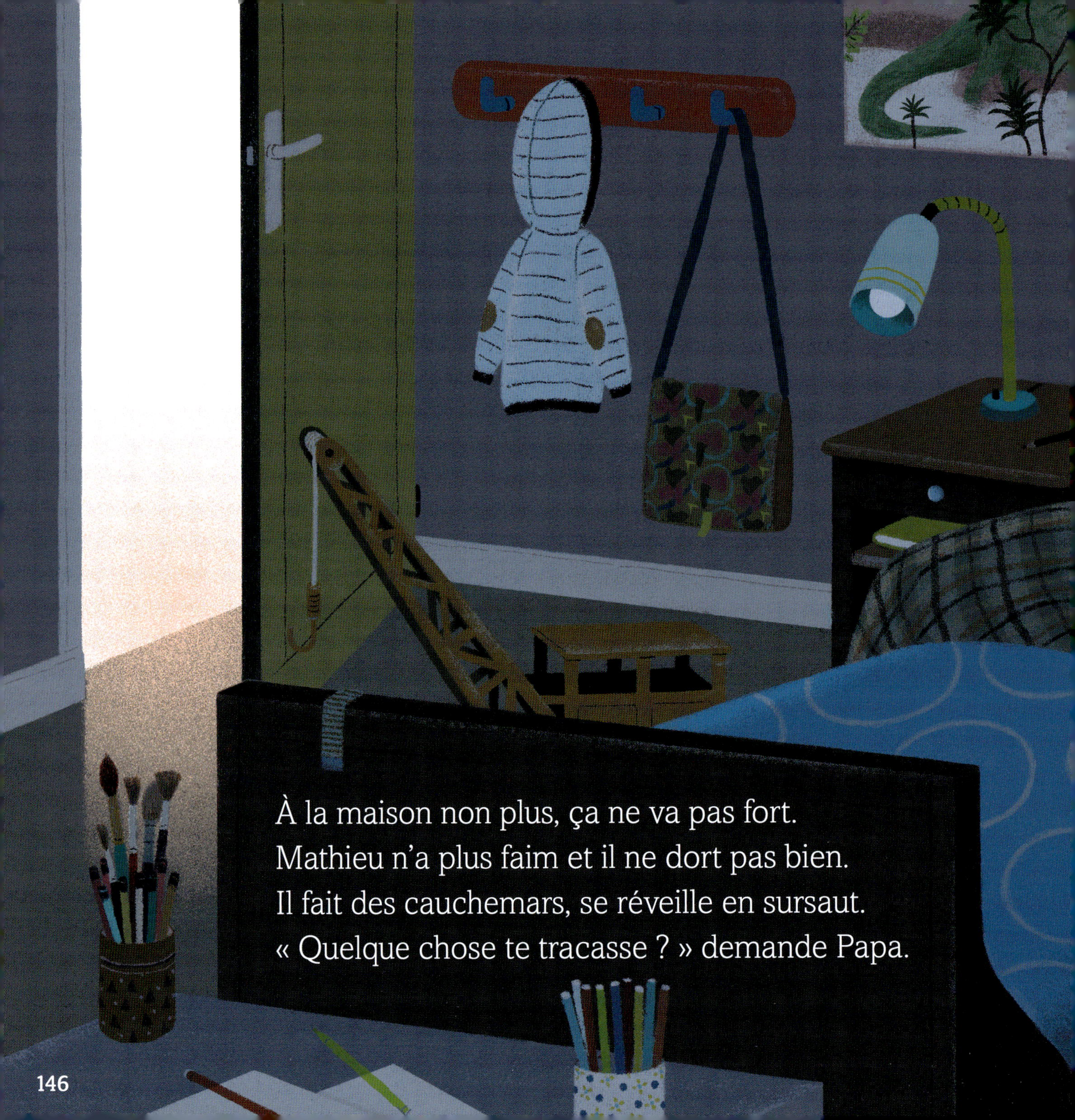

À la maison non plus, ça ne va pas fort.
Mathieu n’a plus faim et il ne dort pas bien.
Il fait des cauchemars, se réveille en sursaut.
« Quelque chose te tracasse ? » demande Papa.

Mais Mathieu sourit bravement
et il répond que tout va bien.

Il n'ose pas dire qu'aujourd'hui, Harry le ouistiti, Clément le serpent et Esther la panthère l'ont coincé dans un coin de la cour pour lui faire très peur.

Le soir, Mathieu n'arrive pas à s'endormir. Tout au fond de lui, il sait qu'il devrait en parler à ses parents. Mais comment leur dire qu'il a une boule au ventre et qu'il se sent nul ?

Alors il raconte tout à Toudoux, son tigre en peluche.
Mais Toudoux ne peut rien faire pour le pauvre Mathieu.

Ce matin, Mathieu est tellement fatigué qu'il s'endort
sur le chemin de l'école. Il s'endort et il rêve.
Dans son rêve, Clara et lui sont toujours amis.

Quand il se réveille, tous ses camarades l'entourent.
Ils se moquent de lui en chantant : « Mathieu est un feignant,
Mathieu est un feignant ! »

Heureusement, cette fois, Clara ne rigole plus avec les autres. Elle est en colère. Elle se met à crier :
« Arrêtez ! Ça suffit ! Harry, tu vois bien que ce n’est pas drôle ! Tu te prends pour le chef et tu te crois plus malin que tout le monde. Mais Mathieu lui, il est gentil, intelligent…
Et puis, c’est mon ami ! »

Soudain, arrive monsieur Mounir.
« Qu'est-ce qu'il se passe ici ?
– Voilà, chuchote Harry à l'oreille de Clara.
Maintenant, à cause de toi, on va tous être punis. »

Clara a tout de même tout raconté à monsieur Mounir. Alors en classe, le maître parle de ce qui est arrivé à Mathieu. « Tout le monde est différent, mais cette différence, c'est notre richesse, et nous devons nous respecter les uns les autres.

– C'est vrai, dit Jean le toucan. Ce que nous avons fait à Mathieu, c'est mal. Et s'il est malheureux aujourd'hui, c'est de notre faute à tous !

– Je vous propose quelque chose, continue monsieur Mounir. On va dessiner une fresque tous ensemble dans la cour. »

Mathieu lève la tête. Il est content. Il est très fort en dessin.

Le lendemain après-midi, à la place du cours de sport,
le maître donne à chacun un pinceau, et c'est parti pour la grande
fresque de la réconciliation !

Harry le ouistiti dessine mal. Mais Mathieu ne se moque pas, il lui montre comment tenir son pinceau pour ne pas que la peinture dégouline.

À la récré de midi, Clara vient trouver
Mathieu pour lui demander pardon.
« Je suis désolée, Mathieu. »
Et j'espère que tu voudras bien me pardonner.

Mathieu prend la petite koala dans ses bras.
Il est tellement heureux d'avoir retrouvé son amie.

Le soir, à la maison, Mathieu a de nouveau le sourire.
Sa maman vient le border dans son lit.
« Ton papa et moi avons parlé avec monsieur Mounir, dit Maman. Pourquoi tu ne nous as rien dit ? »
Mathieu réfléchit. Il ne sait pas pourquoi il n'a rien dit à ses parents. Il avait honte, et il ne voulait pas leur faire de peine.

« Nous sommes là pour t'aider, dit Maman.
Et quoi qu'il arrive, nous t'aimons et sommes fiers
de toi. Tu peux tout nous raconter.
– Maintenant je le sais, dit Mathieu,
et je ne l'oublierai plus jamais ! »

MES P'TITS ALBUMS

la solidarité

l'autonomie

la différence

l'amitié

l'obéissance

l'amitié

l'humilité

l'entraide
l'amour

l'entraide

l'acceptation
de soi

l'autonomie
la timidité

la rivalité entre
frères et sœurs

le mensonge

l'écologie
le respect

le déménagement

la tolérance
la famille

la confiance
en soi

la curiosité

l'hygiène / la santé

la maladie
l'amitié

la différence

la jalousie
le talent

la peur du noir

la distraction

l'ennui

la peur de l'inconnu
l'amitié

le sommeil

la différence
le voyage / la famille

les caprices

Pâques

la vantardise,
l'acceptation de soi

les émotions,
l'école

la gémellité
l'entraide

la colère

le handicap
la différence

l'autonomie
l'école

l'enquête
la jalousie

l'entraide
Pâques

la jalousie
le partage

l'impatience

l'école
l'amitié

la triche

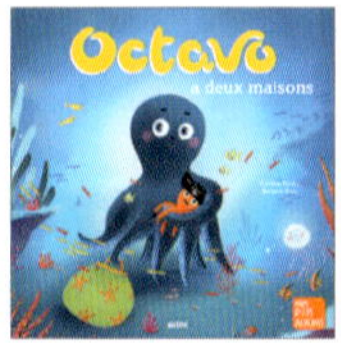

la séparation
parentale

l'amour

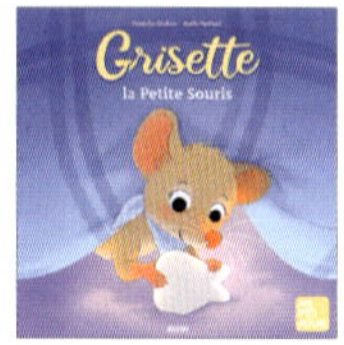

les dents de lait
le secret

le partage
Jean de La Fontaine

le vol

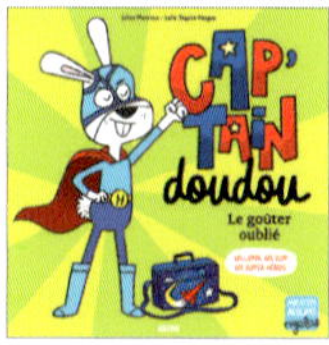

le doudou
les super-héros

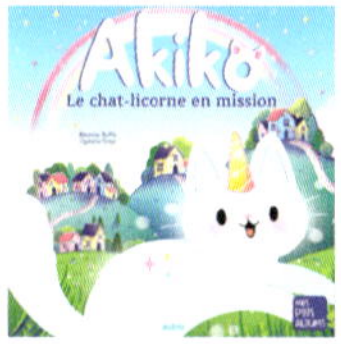

la différence
l'amitié / l'entraide

l'enquête

l'étranger / l'amitié
les préjugés

le doudou / l'ingéniosité
les super-héros

le harcèlement
à l'école

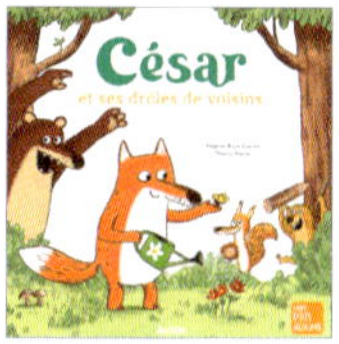

les amis
l'adaptation

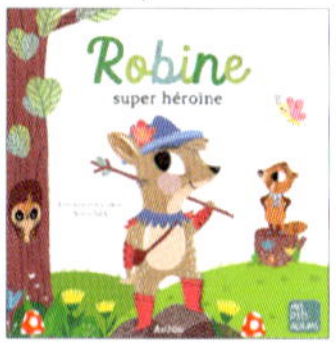

l'entraide
la maladresse

la préservation
de la planète

l'anniversaire
l'impatience

les TDAH
le quotidien

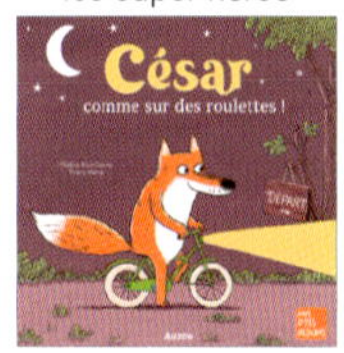

aller à son rythme
les vélos à petites roues

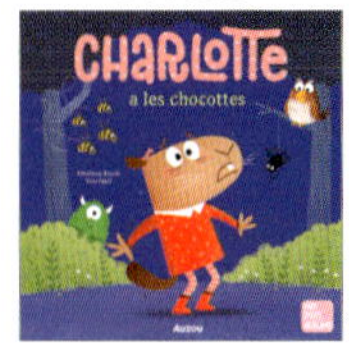

la peur

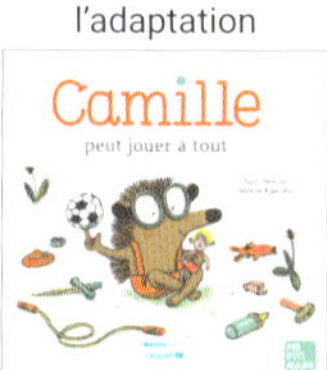

le genre

la famille,
grandir

la peur des fantômes

la galette des rois

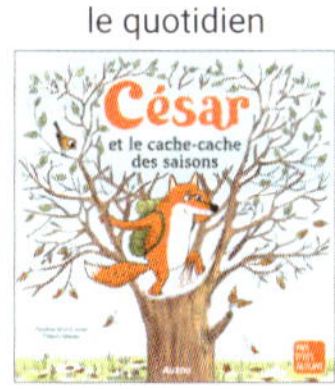

les saisons,
les doudous

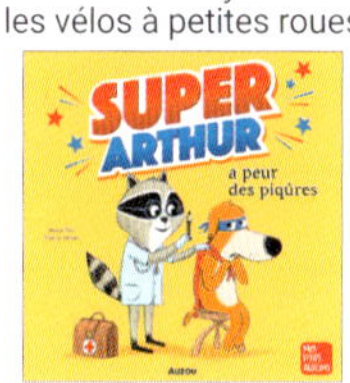

les bobos,
le médecin

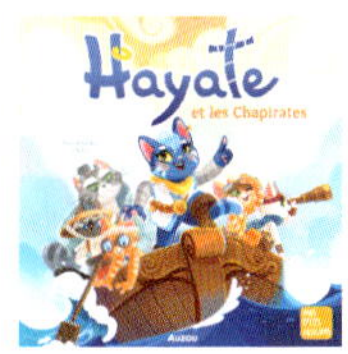

l'entraide,
un monde fantastique

la peur de mal faire

MES P'TITS ALBUMS

la différence

l'entraide, l'amitié

le mensonge

la compétition

l'école, l'intégration

la mythologie,
le courage

l'école, la tricherie,
l'entraide

le courage, l'ingéniosité,
le travail d'équipe

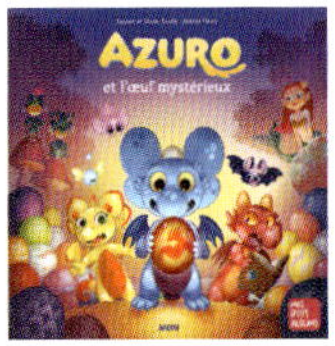

les créatures fantastiques,
l'aventure, l'amitié

la licorne, les enquêtes,
l'écologie

l'amitié, la compétition,
le jeu, la solidarité

les saisons, l'amitié,
l'aventure

l'amour maternel,
l'aventure

l'aventure, l'astronomie

MES GRANDS ALBUMS

la différence

l'entraide, l'amitié

le mensonge

la compétition

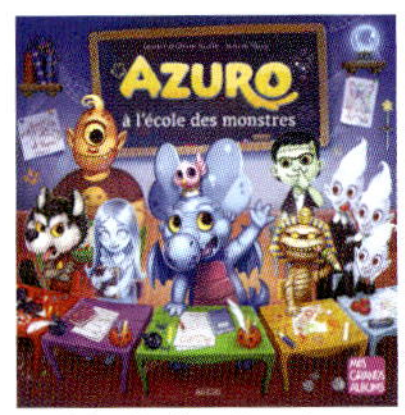

l'école, l'intégration

la licorne, les enquêtes,
l'écologie

l'amitié, la compétition,
le jeu, la solidarité

les saisons, l'amitié,
l'aventure

l'amour maternel,
l'aventure

l'aventure,
l'astronomie

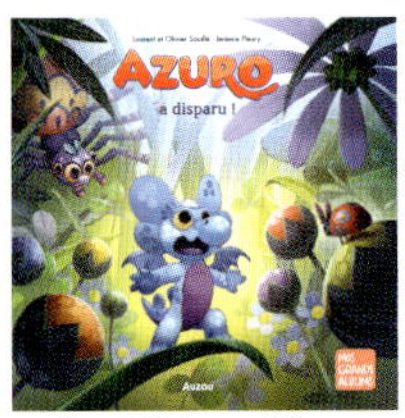

l'amitié, le sortilège,
l'humour, l'aventure

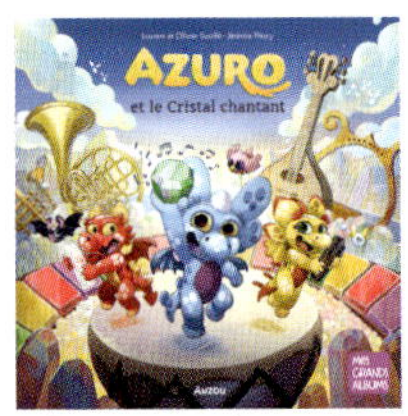

la musique, la magie,
l'entraide

le jeu, la quête,
l'aventure

MES P'TITS ALBUMS

la fratrie

la rentrée

les vacances
la montagne

la peur de l'inconnu
l'amitié

la créativité

les commérages
l'amitié

l'étourderie

perdre une dent
la petite souris

l'enquête
l'accusation

les activités extra-
scolaires / le choix

Simon a une nouvelle maîtresse
Dépôt légal de première publication : août 2019

Jules va à l'école
Dépôt légal de première publication : mai 2018

Zélie et les émotions de la rentrée
Dépôt légal de première publication : mai 2025

Azuro va à l'école des monstres
Dépôt légal de première publication : août 2018

Clara vient en aide à Matthieu
Dépôt légal de première publication : septembre 2021